Natalika Kraft

WIE WERDE ICH ZUM PENNER:

EINE ANLEITUNG ZUM SCHEITERN

Designend by LikVerlag
Copyright © LikVerlag 2024 – Alle Rechte vorbehalten

INHALTVERZEICHNIS

Dein Ticket ins Unglück   7

Kapitel 1: Prokrastination – Der Schlüssel zum Misserfolg   9

    1.1 Warte auf den perfekten Moment   10
    1.2 Vermeide Planung wie die Pest   10
    1.3 Multitasking – Der falsche Freund   11
    1.4 Die Macht der Ablenkung   11
    1.5 Sag Ja zu allem – Außer zu dir selbst   12
    1.6 Sei der König des Aufschiebens   12
    1.7 Belohne dich, bevor du etwas erreicht hast   13

Kapitel 2: Mangelndes Lernen – Bleib in deiner Komfortzone   15

    2.1 Bildung ist überbewertet   16
    2.2 Scheue neue Erfahrungen   16
    2.3 Ignoriere Feedback   17
    2.4 Bleib bei deinen alten Methoden   17
    2.5 Umgib dich mit Gleichgesinnten   18

Kapitel 3: Finanzielle Unverantwortlichkeit – Geld aus dem Fenster werfen   20

    3.1 Lebe über deine Verhältnisse   21
    3.2 Spare niemals   21
    3.3 Investiere in sinnlose Dinge   22
    3.4 Vernachlässige deine Rechnungen   22
    3.5 Vermeide finanzielle Bildung   23

Kapitel 4: Schuldzuweisungen – Mach immer andere verantwortlich   25

4.1 Niemals die Verantwortung übernehmen 26
4.2 Vermeide Selbstreflexion 26
4.3 Finde immer einen Sündenbock 27
4.4 Kritisiere, statt zu konstruktivieren 27
4.5 Umgib dich mit Gleichgesinnten 28

Kapitel 5: Negativität – Zieh dich selbst und andere runter 30

5.1 Beschwere dich ständig 31
5.2 Umgib dich mit Pessimisten 31
5.3 Ignoriere das Positive 32
5.4 Male den Teufel an die Wand 32
5.5 Meide Dankbarkeit 33

Kapitel 6: Chancen ignorieren – Bleib auf der Stelle 35

6.1 Erkenne Gelegenheiten nicht 36
6.2 Vermeide Netzwerken 36
6.3 Zögere, bis es zu spät ist 37
6.4 Sage immer „Vielleicht" 37
6.5 Umgebe dich mit Skeptikern 38

Kapitel 7: Fehlende Zielsetzung – Lass dich treiben 40

7.1 Setze dir keine Ziele 41
7.2 Träume, aber handle nie 41
7.3 Lasse dich ablenken 42
7.4 Lebe in den Tag hinein 42
7.5 Scheue Herausforderungen 43

Kapitel 8: Bequemlichkeit – Der sanfte Weg nach unten 45

8.1 Vermeide harte Arbeit 46
8.2 Bleib im Bett 46

8.3 Delegiere alles — 47
8.4 Vermeide neue Herausforderungen — 47
8.5 Genieße die Faulheit — 48

Kapitel 9: Fehlende Disziplin – Der langsame Abstieg — 50

9.1 Gib schnell auf — 51
9.2 Lass dich ablenken — 51
9.3 Setze keine Prioritäten — 52
9.4 Meide Routinen — 52
9.5 Belohne dich vorzeitig — 52

Kapitel 10: Fehlendes Durchhaltevermögen – Die Kunst des Aufgebens — 55

10.1 Scheitern ist das Ziel — 56
10.2 Gib sofort auf, wenn es schwierig wird — 56
10.3 Vermeide Anstrengung — 57
10.4 Finde immer eine Ausrede — 57
10.5 Verliere den Glauben an dich selbst — 58

Kapitel 11: Der Einfluss von Umfeld und Gewohnheiten – Baue deine Basis — 60

11.1 Umgib dich mit Negativität — 61
11.2 Schlechte Gewohnheiten pflegen — 61
11.3 Vermeide positive Einflüsse — 62
11.4 Bleib in deiner Komfortzone — 62
11.5 Ignoriere positive Gewohnheiten — 63

Kapitel 12: Mindset und Selbstbild – Die Kraft der Gedanken — 65

12.1 Denke negativ — 66
12.2 Selbstzweifel hegen — 66
12.3 Vermeide Selbstliebe — 67

12.4 Vergleich dich mit anderen　　　　　　　　67

12.5 Ignoriere deine Erfolge　　　　　　　　　67

Kapitel 13: Der Umgang mit Rückschlägen – Vom Scheitern lernen　　　　　　　　　　　　　　　　　　70

13.1 Betrachte Rückschläge als persönliches Versagen 71

13.2 Vermeide die Analyse von Fehlern　　　　71

13.3 Gib nach dem ersten Scheitern auf　　　　72

13.4 Ignoriere Erfolgsgeschichten anderer　　　72

13.5 Lerne nichts aus Misserfolgen　　　　　　73

Fazit: Dein Weg zum Wohlstand – Ein Umdenken　75

Empfehlungen:　　　　　　　　　　　　　　77

IMPRESSUM　　　　　　　　　　　　　　　78

DEIN TICKET INS UNGLÜCK

Herzlich willkommen, liebe Leser! Hast du jemals darüber nachgedacht, was du tun musst, um dein Leben so richtig gegen die Wand zu fahren? Nein? Nun, dann bist du hier genau richtig! Dieses Buch ist deine ultimative Anleitung, um garantiert im Misserfolg zu landen und vielleicht sogar unter der Brücke zu schlafen. Provokant? Ja! Aber genau das brauchst du, um endlich aufzuwachen und die Dinge anders zu sehen.

In diesem Buch werden wir gemeinsam die Schritte durchgehen, die dich sicher und zuverlässig auf den Pfad des Scheiterns führen. Aber Achtung! Das Ganze ist mit einer ordentlichen Prise Humor gewürzt. Du wirst lachen, den Kopf schütteln und hoffentlich ab und zu denken: "Mache ich das etwa wirklich so?"

Jeder von uns kennt diese Tage, an denen einfach nichts funktioniert. Aber was wäre, wenn du diese Tage bewusst herbeiführst? Was wäre, wenn du all die falschen Entscheidungen triffst und alle Fehler machst, die möglich sind? Genau das werden wir hier durchspielen. Du wirst lernen, wie man:
- Prokrastiniert, bis der Arzt kommt: Aufschieben und nichts tun, bis es zu spät ist.
- Geld verschwendet, als gäbe es kein Morgen: Schuldenberge anhäufen und Sparen zum Fremdwort machen.
- Ständig das Haar in der Suppe findet: Immer das Negative sehen und niemals zufrieden sein.

- Verantwortung ablehnt und andere beschuldigt: Niemals zugeben, dass man selbst Fehler gemacht hat.

Das Ziel dieses Buches? Dir zu zeigen, wie es NICHT geht, damit du es dann eben doch richtig machst. Stell dir vor, du bist in einer komischen Parallelwelt, in der du bewusst den falschen Weg gehst, nur um zu erkennen, wie du es besser machen kannst.

Nimm dieses Buch mit Humor, sieh die Parallelen zu deinem eigenen Leben und fang an, die richtigen Entscheidungen zu treffen. Denn am Ende des Tages geht es darum, zu lernen und zu wachsen – und das am besten mit einem Lächeln auf den Lippen.

Also, schnall dich an und begleite mich auf dieser skurrilen Reise in die Welt des Scheiterns. Und wer weiß, vielleicht wirst du dabei sogar ein bisschen weiser und erfolgreicher!

KAPITEL 1: PROKRASTINATION – DER SCHLÜSSEL ZUM MISSERFOLG

Willkommen zu deinem ersten Schritt in Richtung Penner-Dasein! Prokrastination ist dein treuer Gefährte auf dieser Reise. Lass mich dir die Geschichte von Max erzählen – einem Meister der Aufschieberei.

1.1 WARTE AUF DEN PERFEKTEN MOMENT

Max war ein wahrer Experte darin, auf den perfekten Moment zu warten. Jeden Morgen wachte er auf und dachte: „Heute ist nicht der richtige Tag, um anzufangen." Vielleicht morgen, wenn das Wetter besser ist, oder wenn er sich ausgeruhter fühlt. Natürlich kam der perfekte Moment nie, aber Max war fest davon überzeugt, dass er irgendwann auftauchen würde.

Und du? Wie oft hast du schon gedacht: „Heute ist einfach nicht der Tag dafür"? Die Wahrheit ist, perfekte Momente sind wie Einhörner – sie existieren nicht wirklich. Aber solange du daran glaubst, hast du die perfekte Ausrede, nichts zu tun.
Mach es wie Max: Warte und warte und warte.

1.2 VERMEIDE PLANUNG WIE DIE PEST

Max hatte eine simple Regel: Pläne sind für Langweiler. Er verließ sich darauf, dass das Leben ihn schon irgendwie führen würde. Also saß er auf seinem Sofa, spielte Videospiele und ließ die Tage verstreichen. Ohne einen klaren Plan war jeder Tag ein neues Abenteuer in die Ungewissheit.

Hast du jemals einen Tag damit verbracht, absolut nichts Produktives zu tun? Dann bist du auf dem besten Weg!
Mach es wie Max: Vermeide jegliche Form von Planung. Pläne sind nur Einschränkungen für deinen freien Geist. Lasse dich treiben und schau, wohin dich der Strom des Lebens spült. Spoiler: Es wird wahrscheinlich nicht weit sein.

1.3 MULTITASKING – DER FALSCHE FREUND

Eines Tages entschied sich Max, gleichzeitig ein Buch zu schreiben, einen Online-Kurs zu machen und seine Wohnung zu renovieren. Das Ergebnis? Nichts wurde fertig. Er war ständig gestresst und überfordert, aber hey, er hatte viel zu tun.

Kommt dir das bekannt vor? Du startest fünf Projekte auf einmal und beendest keines davon.
Lerne von Max: Multitasking klingt toll, bringt dich aber nirgendwo hin. Versuche, alles auf einmal zu machen, und du wirst sehen, wie schnell du gar nichts mehr auf die Reihe bekommst.

1.4 DIE MACHT DER ABLENKUNG

Max hatte ein besonderes Talent dafür, sich ablenken zu lassen. Gerade als er sich hinsetzen wollte, um an seinem Projekt zu arbeiten, ploppte eine Nachricht auf seinem Handy auf. Eine Stunde später war er tief in einem YouTube-Kaninchenloch gefangen, ohne auch nur einen Finger gerührt zu haben.

Wie oft hast du dich von deinem Handy ablenken lassen, während du eigentlich arbeiten solltest?
Mach es wie Max: Lass dich von allem und jedem ablenken. Jedes neue Katzenvideo, jede Instagram-Benachrichtigung ist wichtiger als deine eigentlichen Aufgaben. So bleibst du garantiert erfolglos.

1.5 SAG JA ZU ALLEM – AUßER ZU DIR SELBST

Max konnte niemandem einen Gefallen abschlagen. Wenn seine Freunde ihn um Hilfe baten, ließ er alles stehen und liegen. Seine eigenen Projekte? Die konnten warten. So war er ständig beschäftigt, aber niemals produktiv.

Bist du auch ein Ja-Sager? Dann bist du auf dem richtigen Weg! Folge Max' Beispiel und sag Ja zu allem – außer zu dir selbst. Hilf jedem, der fragt, und vernachlässige dabei deine eigenen Ziele. So bleibst du schön auf der Stelle stehen.

1.6 SEI DER KÖNIG DES AUFSCHIEBENS

Max hatte ein Mantra: „Morgen fange ich an." Dieses Mantra wiederholte er täglich, doch der morgige Tag kam nie. Immer gab es einen Grund, warum gerade heute nicht der richtige Tag war.

Wie oft hast du dir schon gesagt, dass du morgen anfängst? Übernimm Max' Mantra: „Morgen fange ich an." Egal, was es ist – verschiebe es auf morgen. Und wenn morgen heute wird, verschiebe es einfach wieder. Ein ewiger Kreislauf des Aufschiebens – so einfach kann Scheitern sein.

1.7 BELOHNE DICH, BEVOR DU ETWAS ERREICHT HAST

Max liebte es, sich selbst zu belohnen. Nur hatte er die Angewohnheit, das schon zu tun, bevor er überhaupt etwas geleistet hatte. Er gönnte sich Pausen und Belohnungen für das bloße Vorhaben, produktiv zu sein.

Belohnst du dich auch gerne, bevor du etwas erreicht hast? Mach es wie Max: Belohne dich großzügig und häufig, ohne etwas erreicht zu haben. Ein Nickerchen hier, ein Snack dort – das Leben ist schließlich zum Genießen da!

So, das war Max' Weg zum Misserfolg. Er ist dein Vorbild, wenn du sicherstellen willst, dass du es nie zu etwas bringst. Doch ich hoffe, während du darüber lachst und den Kopf schüttelst, erkennst du auch ein paar Parallelen zu deinem eigenen Leben und bist bereit, es anders zu machen.

****

REFLEXIONSFRAGEN:

1. Wie oft hast du in den letzten Wochen eine wichtige Aufgabe aufgeschoben? Warum?
2. Welche Ausreden benutzt du am häufigsten, um Prokrastination zu rechtfertigen?
3. Gibt es Projekte, die du immer wieder verschoben hast? Was hält dich davon ab, sie zu starten oder zu beenden?

AUFGABEN:

1. Setze dir ein klares Ziel für die nächste Woche: Wähle eine Aufgabe, die du oft aufschiebst, und setze dir ein konkretes Ziel, sie innerhalb einer Woche zu erledigen. Brich dieses Ziel in kleine, machbare Schritte herunter.
2. Führe ein Ablenkungstagebuch: Notiere eine Woche lang, wie oft und durch was du dich ablenken lässt. Reflektiere am Ende der Woche, welche Ablenkungen du vermeiden kannst.
3. Plane deine Woche: Nimm dir jeden Sonntagabend 30 Minuten Zeit, um die kommende Woche zu planen. Setze Prioritäten und notiere dir täglich die wichtigsten Aufgaben.

KAPITEL 2:
MANGELNDES LERNEN –
BLEIB IN DEINER
KOMFORTZONE

Willkommen zu deinem nächsten Schritt in Richtung Penner-Dasein! Wenn du wirklich sicherstellen möchtest, dass du es niemals zu etwas bringst, dann vermeide Bildung und neue Erfahrungen wie die Pest. Lass mich dir die Geschichte von Anna erzählen – einer wahren Meisterin der Unbildung.

2.1 BILDUNG IST ÜBERBEWERTET

Anna hatte eine klare Philosophie: Lernen ist für Streber. Wozu noch mehr Wissen anhäufen, wenn man doch schon alles Wichtige weiß? Bücher, Kurse oder Workshops? Nicht mit Anna! Sie vertraute darauf, dass ihr altes Schulwissen ausreicht, um durchs Leben zu kommen.

Und du? Hast du auch das Gefühl, dass du alles Wichtige schon weißt?
Dann mach es wie Anna: Meide jede Form von Weiterbildung. Warum dein Gehirn mit neuen Informationen belasten, wenn dein Halbwissen dich schon irgendwie durchbringt?

2.2 SCHEUE NEUE ERFAHRUNGEN

Anna liebte ihre Komfortzone. Neue Erfahrungen machten ihr Angst, also vermied sie sie konsequent. Reisen in fremde Länder? Viel zu anstrengend. Ein neues Hobby anfangen? Viel zu riskant. Stattdessen verbrachte sie ihre Tage mit den immer gleichen, gemütlichen Routinen.

Kennst du das Gefühl, lieber in deiner Komfortzone zu bleiben? Mach es wie Anna: Vermeide neue Erfahrungen. Sie sind nur unnötiger Stress und könnten dich aus deiner gemütlichen Routine reißen.

2.3 IGNORIERE FEEDBACK

Eines Tages bekam Anna von ihrem Chef Feedback, dass sie an ihren Fähigkeiten arbeiten sollte. Ihre Reaktion? Ein Schulterzucken und die Gewissheit, dass sie schon alles richtig mache. Verbesserungsvorschläge waren für sie nur lästige Kritik, die sie gekonnt ignorierte.

Wie oft hast du schon konstruktives Feedback ignoriert? Nimm ein Beispiel an Anna: Ignoriere Feedback. Niemand weiß besser als du selbst, wie du Dinge zu tun hast. Kritik ist nur dazu da, dich zu ärgern.

2.4 BLEIB BEI DEINEN ALTEN METHODEN

Anna war ein großer Fan davon, Dinge immer gleich zu machen. Warum sollte sie neue Methoden ausprobieren, wenn die alten „irgendwie" funktionieren? Innovation und Veränderung waren ihre Feinde, also hielt sie sich strikt an ihre bewährten, aber ineffizienten Methoden.

Bleibst du auch gerne bei deinen alten Methoden, selbst wenn sie nicht mehr funktionieren?

Folge Anna: Bleib stur. Veränderung ist nur etwas für Menschen, die ihren Erfolg optimieren wollen. Du bist anders – du willst stagnieren.

2.5 UMGIB DICH MIT GLEICHGESINNTEN

Anna hatte einen Freundeskreis, der genauso dachte wie sie. Sie umgab sich mit Menschen, die ebenfalls nichts von Weiterbildung hielten und in ihrer kleinen, gemütlichen Welt blieben. So verstärkten sie gegenseitig ihre Einstellung und fühlten sich in ihrer Stagnation pudelwohl.

Hast du Freunde, die genauso denken wie du? Mach es wie Anna: Umgib dich mit Gleichgesinnten. So wirst du niemals herausgefordert, und dein Leben bleibt schön vorhersehbar und langweilig.

So, das war Anna's Weg zur Vermeidung von Lernen und Wachstum. Sie ist dein Vorbild, wenn du sicherstellen willst, dass du dich niemals weiterentwickelst. Doch ich hoffe, während du darüber lachst und den Kopf schüttelst, erkennst du auch ein paar Parallelen zu deinem eigenen Leben und bist bereit, es anders zu machen.

****

REFLEXIONSFRAGEN:

1. Welche neuen Fähigkeiten oder Kenntnisse hast du in den letzten sechs Monaten erworben? Wenn keine, warum nicht?
2. Gibt es etwas, das du schon immer lernen wolltest, aber aus Angst oder Bequemlichkeit nicht begonnen hast?
3. Wie reagierst du normalerweise auf Feedback? Nimmst du es an und versuchst, dich zu verbessern, oder ignorierst du es?

AUFGABEN:

1. Wähle eine neue Fähigkeit oder ein neues Wissensthema aus: Setze dir ein Ziel, in den nächsten vier Wochen etwas Neues zu lernen. Das kann ein Online-Kurs, ein Buch oder ein Hobby sein. Plane regelmäßig Zeit dafür ein.
2. Hole dir Feedback ein: Bitte drei Personen in deinem Umfeld um konstruktives Feedback zu einem Bereich, in dem du dich verbessern möchtest. Notiere das Feedback und überlege dir konkrete Schritte, um daran zu arbeiten.
3. Verlasse deine Komfortzone: Plane in den nächsten zwei Wochen eine Aktivität, die außerhalb deiner Komfortzone liegt. Das kann etwas sein, das du noch nie gemacht hast oder wovor du dich gefürchtet hast. Notiere deine Erfahrungen und was du daraus gelernt hast.

KAPITEL 3: FINANZIELLE UNVERANTWORTLICHKEIT – GELD AUS DEM FENSTER WERFEN

Herzlich willkommen zu deinem nächsten Schritt auf dem Weg zum Penner-Dasein! Wenn du wirklich sicherstellen möchtest, dass du es niemals zu etwas bringst, dann ist finanzielle Unverantwortlichkeit dein bester Freund. Lass uns die Geschichte von Sophie erzählen – einer wahren Expertin darin, ihr Geld zu verschwenden.

3.1 LEBE ÜBER DEINE VERHÄLTNISSE

Sophie lebte nach dem Motto: „Warum nur die Butter, wenn du auch das ganze Brot haben kannst?" Sie liebte es, Geld auszugeben – und zwar mehr, als sie eigentlich hatte. Kreditkarten waren ihre besten Freunde, und Schuldenberge sah sie als Herausforderungen an, die irgendwann von selbst verschwinden würden.

Und du? Hast du auch das Gefühl, dass du dir alles leisten kannst, auch wenn das Konto schon lange „Game Over" anzeigt?
Mach es wie Sophie: Lebe über deine Verhältnisse. Kaufe, was du dir nicht leisten kannst, und genieße das Leben in vollen Zügen. Die Rechnungen? Die können warten.

3.2 SPARE NIEMALS

Sophie hatte einen einfachen Grundsatz: Sparen ist für Langweiler. Jeder Cent, der nicht sofort ausgegeben wird, ist ein verschwendeter Cent. Ihr Sparkonto? Fehlanzeige. Stattdessen lebte sie nach dem Prinzip „YOLO" – You Only Live Once.

Wie oft hast du dir schon gedacht, dass Sparen langweilig ist? Folge Sophie: Spare niemals. Geld ist zum Ausgeben da, und was morgen ist, interessiert heute nicht.

3.3 INVESTIERE IN SINNLOSE DINGE

Sophie war ein Profi darin, ihr Geld in völlig unsinnige Dinge zu investieren. Ob es der neueste High-Tech-Toaster war, der auch sprechen konnte, oder das fünfte Paar Schuhe, das sie nie tragen würde – Hauptsache, das Geld war weg.

Hast du auch schon mal unnötige Dinge gekauft, nur weil sie cool aussahen?
Mach es wie Sophie: Investiere in sinnlose Dinge. Das Geld muss schließlich weg, und was könnte da besser sein als unnützer Kram?

3.4 VERNACHLÄSSIGE DEINE RECHNUNGEN

Rechnungen waren für Sophie wie ungeliebte Briefe von einem entfernten Verwandten – sie wurden einfach ignoriert. Mahnungen stapelten sich, aber Sophie war fest davon überzeugt, dass sie sich irgendwann von selbst erledigen würden.

Ignorierst du auch gerne deine Rechnungen? Dann bist du auf dem richtigen Weg! Vernachlässige sie weiterhin. Aus den Augen, aus dem Sinn – das ist dein Mantra.

3.5 VERMEIDE FINANZIELLE BILDUNG

Sophie hatte keinerlei Interesse daran, etwas über Finanzen zu lernen. Budgetplanung, Investitionen und Altersvorsorge? Alles böhmische Dörfer für sie. Sie verließ sich darauf, dass irgendwie immer genug Geld da sein würde.

Findest du Finanzen auch langweilig und kompliziert?
Dann mach es wie Sophie: Vermeide jegliche finanzielle Bildung. Zahlen sind nur dazu da, um dir Kopfschmerzen zu bereiten.

So, das war Sophies Weg zur finanziellen Unverantwortlichkeit. Sie ist dein Vorbild, wenn du sicherstellen willst, dass du immer pleite bleibst. Doch ich hoffe, während du darüber lachst und den Kopf schüttelst, erkennst du auch ein paar Parallelen zu deinem eigenen Leben und bist bereit, es anders zu machen.

****

REFLEXIONSFRAGEN:

1. Wie oft gibst du mehr Geld aus, als du eigentlich hast? Welche Dinge kaufst du, die du dir nicht leisten kannst?
2. Wie hoch ist dein aktueller Schuldenstand? Was sind die Hauptursachen für diese Schulden?
3. Wann hast du das letzte Mal bewusst Geld gespart oder investiert, anstatt es sofort auszugeben?

AUFGABEN:

1. Erstelle ein Budget: Nimm dir Zeit, ein monatliches Budget zu erstellen. Liste alle Einnahmen und Ausgaben auf und identifiziere Bereiche, in denen du Geld sparen kannst. Halte dich in den nächsten Monaten konsequent an dein Budget.
2. Spare einen festen Betrag: Setze dir ein Sparziel für den nächsten Monat. Lege einen festen Betrag beiseite, den du nicht anrührst. Notiere am Ende des Monats, wie gut du dein Ziel erreicht hast und wie es sich anfühlt, Geld gespart zu haben.
3. Reduziere unnötige Ausgaben: Wähle drei Dinge aus, für die du regelmäßig Geld ausgibst, die aber nicht notwendig sind (z.B. teure Kaffees, unnötige Abonnements, impulsive Käufe). Verzichte in den nächsten vier Wochen bewusst auf diese Ausgaben und notiere, wie viel Geld du dadurch sparst.

KAPITEL 4: SCHULDZUWEISUNGEN – MACH IMMER ANDERE VERANTWORTLICH

Willkommen zu deinem nächsten Schritt in Richtung Penner-Dasein! Wenn du wirklich sicherstellen möchtest, dass du es niemals zu etwas bringst, dann ist es essenziell, immer die Schuld auf andere zu schieben. Lass uns die Geschichte von Tom erzählen – einem wahren Meister der Schuldzuweisungen.

4.1 NIEMALS DIE VERANTWORTUNG ÜBERNEHMEN

Tom war ein Meister darin, niemals die Verantwortung für seine Fehler zu übernehmen. Egal, was schiefging – es war immer jemand anderes schuld. Sein Projekt scheiterte? Klar, weil die Kollegen unfähig waren. Seine Beziehung ging in die Brüche? Natürlich, weil sein Partner ihn nicht verstanden hat.

Und du? Wie oft hast du schon anderen die Schuld gegeben, wenn etwas schiefging?
Mach es wie Tom: Niemals die Verantwortung übernehmen. Es ist immer einfacher, mit dem Finger auf andere zu zeigen, als in den Spiegel zu schauen.

4.2 VERMEIDE SELBSTREFLEXION

Tom hasste es, sich selbst zu hinterfragen. Selbstreflexion war für ihn nur eine Zeitverschwendung. Warum über die eigenen Fehler nachdenken, wenn man einfach so weitermachen kann wie bisher?

Wie oft hinterfragst du deine eigenen Entscheidungen?

Folge Tom: Vermeide Selbstreflexion. Sie führt nur dazu, dass du dich mit unangenehmen Wahrheiten auseinandersetzen musst.

4.3 FINDE IMMER EINEN SÜNDENBOCK

Tom hatte immer einen Sündenbock parat. Wenn das Wetter schlecht war, war es die Schuld des Wetterdienstes. Wenn er den Bus verpasste, lag es an den ungenauen Fahrplänen. Er fand immer jemanden, der für sein Pech verantwortlich war.

Findest du auch immer jemanden, den du für dein Pech verantwortlich machen kannst? Dann mach es wie Tom: Finde immer einen Sündenbock. So bleibt dein Gewissen rein, und du kannst bequem in deiner Opferrolle verharren.

4.4 KRITISIERE, STATT ZU KONSTRUKTIVIEREN

Tom war groß darin, zu kritisieren, aber klein darin, konstruktiv zu sein. Er konnte stundenlang über die Fehler anderer schimpfen, aber selbst Vorschläge zur Verbesserung? Fehlanzeige. Das überließ er lieber den anderen.

Kritisierst du auch lieber, als konstruktiv zu sein?
Mach es wie Tom: Kritik ist dein Werkzeug. Konstruktive Vorschläge sind für die Streber.

4.5 UMGIB DICH MIT GLEICHGESINNTEN

Tom umgab sich gerne mit Menschen, die genauso dachten wie er. Eine Gruppe, die sich gegenseitig bestätigte, dass immer die anderen schuld sind. So konnte er sicher sein, dass er niemals die Verantwortung übernehmen musste.

Hast du Freunde, die genauso denken wie du?
Folge Tom: Umgib dich mit Gleichgesinnten. In einer solchen Gruppe wirst du niemals herausgefordert, dich zu verbessern.

So, das war Toms Weg der Schuldzuweisungen. Er ist dein Vorbild, wenn du sicherstellen willst, dass du immer in deiner Komfortzone bleibst und nie Verantwortung übernimmst. Doch ich hoffe, während du darüber lachst und den Kopf schüttelst, erkennst du auch ein paar Parallelen zu deinem eigenen Leben und bist bereit, es anders zu machen.

****

REFLEXIONSFRAGEN:

1. Wann hast du das letzte Mal jemanden für ein Problem verantwortlich gemacht, das eigentlich in deiner Verantwortung lag?
2. Wie oft hinterfragst du deine eigenen Entscheidungen und reflektierst, was du besser machen könntest?
3. Gibt es Situationen, in denen du konstruktive Kritik erhalten hast, aber sie ignoriert hast? Warum?

AUFGABEN:

1. Übernehme Verantwortung: Denke an eine aktuelle Situation, in der du jemand anderem die Schuld gegeben hast. Schreibe auf, wie du selbst zur Lösung des Problems beitragen kannst, und setze es in den nächsten Tagen um.
2. Tägliche Selbstreflexion: Nimm dir jeden Abend fünf Minuten Zeit, um den Tag zu reflektieren. Notiere, was gut gelaufen ist, was nicht so gut war und was du morgen besser machen kannst.
3. Feedback aktiv einholen: Bitte eine Person, der du vertraust, um ehrliches Feedback zu einem Bereich, in dem du dich verbessern möchtest. Höre aufmerksam zu, ohne zu rechtfertigen, und überlege, wie du das Feedback umsetzen kannst.

KAPITEL 5: NEGATIVITÄT – ZIEH DICH SELBST UND ANDERE RUNTER

Willkommen zu deinem nächsten Schritt in Richtung Penner-Dasein! Wenn du wirklich sicherstellen möchtest, dass du es niemals zu etwas bringst, dann musst du die Kraft der Negativität voll ausschöpfen. Lass uns die Geschichte von Lisa erzählen – einer wahren Künstlerin der Schwarzmalerei.

5.1 BESCHWERE DICH STÄNDIG

Lisa hatte ein Talent dafür, das Haar in der Suppe zu finden. Egal wie gut die Situation war, sie fand immer etwas, worüber sie sich beschweren konnte. Ein sonniger Tag? Viel zu heiß. Eine Beförderung? Jetzt noch mehr Arbeit. Sie war ein echter Profi darin, das Negative zu sehen.

Und du? Hast du auch die Gabe, immer etwas zu finden, worüber du meckern kannst?
Mach es wie Lisa: Beschwere dich ständig. So hältst du dich selbst und alle um dich herum schön unzufrieden.

5.2 UMGIB DICH MIT PESSIMISTEN

Lisa war nie allein mit ihrer Negativität. Sie suchte sich gezielt Freunde aus, die genauso pessimistisch waren wie sie. Gemeinsam konnten sie stundenlang über die Ungerechtigkeiten des Lebens jammern und sich gegenseitig in ihrer negativen Sichtweise bestärken.

Hast du Freunde, die genauso negativ denken wie du? Dann bist du auf dem richtigen Weg!

Mach es wie Lisa: Umgib dich mit Pessimisten. So kannst du sicher sein, dass du niemals optimistisch wirst.

5.3 IGNORIERE DAS POSITIVE

Lisa hatte eine bemerkenswerte Fähigkeit, positive Dinge zu übersehen. Ein Kompliment? Bestimmt nicht ernst gemeint. Ein erfolgreicher Tag? Reiner Zufall. Sie schaffte es immer, das Gute zu ignorieren und sich nur auf das Schlechte zu konzentrieren.

Wie oft ignorierst du das Positive in deinem Leben? Nimm ein Beispiel an Lisa: Ignoriere das Positive. So bleibst du schön in deiner negativen Stimmung gefangen.

5.4 MALE DEN TEUFEL AN DIE WAND

Lisa liebte es, den Teufel an die Wand zu malen. Sie konnte aus jeder Mücke einen Elefanten machen und aus jeder Kleinigkeit eine Katastrophe. Ein kleiner Fehler? Ein Weltuntergang. Sie war die Königin der Übertreibung.

Neigst du auch dazu, aus kleinen Problemen riesige Dramen zu machen?
Folge Lisa: Male den Teufel an die Wand. So kannst du sicher sein, dass du immer genug Dramen in deinem Leben hast.

5.5 MEIDE DANKBARKEIT

Dankbarkeit war für Lisa ein Fremdwort. Sie sah keinen Grund, dankbar zu sein, wenn doch alles so schlecht war. Sie hielt nichts von Dankbarkeitsübungen oder positiven Affirmationen. Stattdessen konzentrierte sie sich auf all das, was ihr fehlte.

Wie oft fühlst du dich undankbar?
Dann mach es wie Lisa: Meide Dankbarkeit. Sie lenkt dich nur von all den Dingen ab, die du nicht hast.

So, das war Lisas Weg der Negativität. Sie ist dein Vorbild, wenn du sicherstellen willst, dass du immer unglücklich bleibst und alle um dich herum runterziehst. Doch ich hoffe, während du darüber lachst und den Kopf schüttelst, erkennst du auch ein paar Parallelen zu deinem eigenen Leben und bist bereit, es anders zu machen.

****

REFLEXIONSFRAGEN:

1. Wie oft konzentrierst du dich auf das Negative in deinem Leben, anstatt das Positive zu sehen?
2. Wann hast du dich zuletzt über etwas beschwert, ohne die positiven Aspekte zu berücksichtigen?
3. Welche Personen in deinem Umfeld ziehen dich häufig herunter, und welche unterstützen dich und heben deine Stimmung?

AUFGABEN:

1. Dankbarkeitsjournal führen: Schreibe jeden Abend drei Dinge auf, für die du an diesem Tag dankbar bist. Lies diese Liste regelmäßig durch, um dir die positiven Aspekte deines Lebens bewusst zu machen.
2. Komplimente verteilen: Versuche, in den nächsten zwei Wochen jeden Tag mindestens einer Person in deinem Umfeld ein ehrliches Kompliment zu machen. Notiere, wie sich das auf deine Stimmung und die Stimmung der anderen auswirkt.
3. Negative Gedanken hinterfragen: Jedes Mal, wenn du einen negativen Gedanken hast, frage dich, ob es auch eine positive Perspektive gibt. Notiere beide Gedanken und entscheide bewusst, welche Sichtweise du einnehmen möchtest.

KAPITEL 6:
CHANCEN IGNORIEREN – BLEIB AUF DER STELLE

Willkommen zu deinem nächsten Schritt in Richtung Penner-Dasein! Wenn du wirklich sicherstellen möchtest, dass du es niemals zu etwas bringst, dann ignoriere jede sich bietende Chance. Lass uns die Geschichte von Frank erzählen – einem wahren Meister im Übersehen von Gelegenheiten.

6.1 ERKENNE GELEGENHEITEN NICHT

Frank hatte die bemerkenswerte Fähigkeit, Chancen zu übersehen. Ein Freund bot ihm an, in ein vielversprechendes Start-up zu investieren? Frank lehnte ab, weil er das Risiko scheute. Eine Weiterbildungsmöglichkeit? Viel zu anstrengend. Frank war überzeugt, dass echte Chancen sowieso nicht existieren.

Und du? Hast du auch schon viele Gelegenheiten ungenutzt gelassen, weil du sie nicht als solche erkannt hast?
Mach es wie Frank: Erkenne Gelegenheiten nicht. So stellst du sicher, dass du immer auf der Stelle trittst.

6.2 VERMEIDE NETZWERKEN

Frank war ein Einzelkämpfer. Netzwerken hielt er für überflüssig. Warum sollte er Zeit damit verschwenden, Beziehungen aufzubauen? Er glaubte fest daran, dass er alles alleine schaffen könnte. Dadurch entgingen ihm wertvolle Kontakte und Möglichkeiten.

Wie oft hast du Netzwerken als unnötig abgetan?

Folge Frank: Vermeide Netzwerken. Beziehungen und Kontakte sind nur etwas für Leute, die nicht alleine klarkommen.

6.3 ZÖGERE, BIS ES ZU SPÄT IST

Frank hatte eine besondere Strategie: Zögern, bis die Chance vorüber ist. Wenn sich doch einmal eine Gelegenheit bot, grübelte er so lange darüber nach, dass sie schließlich an ihm vorbeizog. So konnte er sicher sein, dass er keine Risiken eingehen musste.

Hast du auch schon oft gezögert, bis es zu spät war?
Dann mach es wie Frank: Zögere, bis die Gelegenheit vorüber ist. So gehst du garantiert keine Risiken ein.

6.4 SAGE IMMER „VIELLEICHT"

Franks Lieblingswort war „Vielleicht". Es war perfekt, um Entscheidungen hinauszuzögern. Jemand bot ihm eine spannende Möglichkeit an? „Vielleicht." Aber am Ende bedeutete „Vielleicht" meistens „Nein".

Wie oft sagst du „Vielleicht", wenn du eigentlich „Nein" meinst?
Nimm ein Beispiel an Frank: Sage immer „Vielleicht". So bleibt alles schön vage und unentschlossen.

6.5 UMGEBE DICH MIT SKEPTIKERN

Frank war von Natur aus skeptisch und umgab sich gerne mit Menschen, die genauso dachten. Wenn jemand optimistisch war oder eine Chance erkannte, fanden sie gemeinsam Gründe, warum es nicht klappen würde. So konnte er sicher sein, dass er niemals positiv überrascht wurde.

Hast du auch viele skeptische Freunde, die dich in deiner Haltung bestärken?
Dann mach es wie Frank: Umgebe dich mit Skeptikern. So bleibst du sicher in deinem Pessimismus gefangen.

So, das war Franks Weg der verpassten Chancen. Er ist dein Vorbild, wenn du sicherstellen willst, dass du niemals vorankommst. Doch ich hoffe, während du darüber lachst und den Kopf schüttelst, erkennst du auch ein paar Parallelen zu deinem eigenen Leben und bist bereit, es anders zu machen.

****

REFLEXIONSFRAGEN:

1. Wann hast du das letzte Mal eine Chance verpasst, weil du gezögert hast?
2. Welche Netzwerkmöglichkeiten hast du in der Vergangenheit ignoriert? Warum?
3. Gibt es Gelegenheiten, die du derzeit nicht nutzt, weil du dich unsicher fühlst oder Angst vor dem Scheitern hast?

AUFGABEN:

1. Erkenne und nutze Gelegenheiten: Identifiziere in den nächsten zwei Wochen mindestens eine Gelegenheit, die du bisher ignoriert hast, und setze dir ein konkretes Ziel, diese zu nutzen. Das könnte ein berufliches Angebot, eine Weiterbildung oder ein neues Hobby sein.
2. Netzwerk aufbauen: Setze dir das Ziel, in den nächsten vier Wochen fünf neue Kontakte in deinem beruflichen oder persönlichen Umfeld zu knüpfen. Nimm aktiv an Veranstaltungen teil oder vernetze dich online, um neue Möglichkeiten zu entdecken.
3. Handlungsplan erstellen: Wähle eine Aufgabe oder ein Projekt, das du bisher immer wieder aufgeschoben hast. Erstelle einen detaillierten Handlungsplan mit konkreten Schritten und einem Zeitrahmen, und beginne sofort mit der Umsetzung.

KAPITEL 7:
FEHLENDE ZIELSETZUNG –
LASS DICH TREIBEN

Willkommen zu deinem nächsten Schritt in Richtung Penner-Dasein! Wenn du wirklich sicherstellen möchtest, dass du es niemals zu etwas bringst, dann vermeide es, dir Ziele zu setzen. Lass uns die Geschichte von Emma erzählen – einer wahren Meisterin des ziellosen Dahinlebens.

7.1 SETZE DIR KEINE ZIELE

Emma lebte nach dem Prinzip „Go with the flow". Sie setzte sich niemals Ziele, weil sie der Meinung war, dass das Leben sowieso macht, was es will. Ziele zu haben, war für sie unnötiger Druck. Stattdessen ließ sie sich treiben und schaute, wohin das Leben sie führte.

Und du? Hast du auch das Gefühl, dass Ziele nur zusätzlichen Stress verursachen?
Mach es wie Emma: Setze dir keine Ziele. So kannst du sicher sein, dass du nie wirklich vorankommst.

7.2 TRÄUME, ABER HANDLE NIE

Emma hatte viele Träume. Sie wollte die Welt bereisen, ein Buch schreiben und ihre eigene Firma gründen. Doch sie blieb immer nur bei den Träumen und setzte nie etwas davon in die Tat um. Träumen war schön und sicher, Handeln hingegen riskant und anstrengend.

Wie oft hast du schon große Träume gehabt, die du nie umgesetzt hast?
Folge Emma: Träume, aber handle nie. So bleibst du in der

komfortablen Welt der Möglichkeiten, ohne je etwas zu riskieren.

7.3 LASSE DICH ABLENKEN

Emma war leicht ablenkbar. Jedes Mal, wenn sie versuchte, sich auf eine Aufgabe zu konzentrieren, fand sie etwas anderes, das ihre Aufmerksamkeit verlangte. Ein neuer Serienmarathon? Natürlich wichtiger als die Arbeit an ihrem Buch. So schob sie ihre Träume immer weiter hinaus.

Wie oft lässt du dich von unwichtigen Dingen ablenken?
Mach es wie Emma: Lasse dich ablenken. So wirst du nie etwas Großes erreichen und kannst immer sagen, dass du ja irgendwann mal anfangen wolltest.

7.4 LEBE IN DEN TAG HINEIN

Emma lebte nach dem Motto „Carpe Diem", aber in der falschen Art und Weise. Sie nutzte es als Ausrede, um keine langfristigen Pläne zu machen und einfach jeden Tag so zu nehmen, wie er kam. Planung und Zielsetzung? Viel zu langweilig und einschränkend.

Lebst du auch gerne in den Tag hinein, ohne dir Gedanken über die Zukunft zu machen?
Dann mach es wie Emma: Lebe in den Tag hinein. So bleibt dein Leben ein einziger, zielloser Spaziergang.

7.5 SCHEUE HERAUSFORDERUNGEN

Emma mied Herausforderungen, weil sie Angst vor dem Scheitern hatte. Sie nahm nur Aufgaben an, die sie sicher bewältigen konnte, und vermied alles, was schwierig oder riskant war. So blieb sie immer in ihrer Komfortzone und entwickelte sich nie weiter.

Wie oft vermeidest du Herausforderungen, weil du Angst vor dem Scheitern hast?
Nimm ein Beispiel an Emma: Scheue Herausforderungen. So bleibst du sicher und bequem in deiner Komfortzone.

So, das war Emmas Weg der fehlenden Zielsetzung. Sie ist dein Vorbild, wenn du sicherstellen willst, dass du immer auf der Stelle trittst und niemals deine Träume verwirklichst. Doch ich hoffe, während du darüber lachst und den Kopf schüttelst, erkennst du auch ein paar Parallelen zu deinem eigenen Leben und bist bereit, es anders zu machen.

****

REFLEXIONSFRAGEN:

1. Welche großen Träume oder Ziele hast du in deinem Leben bisher aufgegeben? Warum?
2. Wie oft setzt du dir klare, erreichbare Ziele? Wie oft erreichst du diese Ziele?
3. Wann hast du das letzte Mal eine herausfordernde Aufgabe erfolgreich abgeschlossen? Wie hast du dich danach gefühlt?

AUFGABEN:

1. Setze dir ein klares Ziel für den nächsten Monat: Wähle ein konkretes Ziel, das du innerhalb des nächsten Monats erreichen möchtest. Teile es in wöchentliche Schritte auf und verfolge deinen Fortschritt.
2. Handele statt zu träumen: Wähle einen deiner großen Träume oder ein lang gehegtes Ziel und setze dir einen festen Termin, um den ersten Schritt zu machen. Notiere dir, was dieser erste Schritt ist, und setze ihn in die Tat um.
3. Ablenkungsmanagement: Identifiziere die größten Ablenkungen in deinem Alltag. Entwickle Strategien, um diese Ablenkungen zu minimieren oder zu vermeiden, und notiere dir täglich, wie gut du diese Strategien umgesetzt hast.

KAPITEL 8:
BEQUEMLICHKEIT – DER SANFTE WEG NACH UNTEN

Willkommen zu deinem nächsten Schritt in Richtung Penner-Dasein! Wenn du wirklich sicherstellen möchtest, dass du es niemals zu etwas bringst, dann mache es dir so bequem wie möglich. Lass uns die Geschichte von Paul erzählen – einem wahren Experten in Sachen Bequemlichkeit.

8.1 VERMEIDE HARTE ARBEIT

Paul war ein Meister darin, harte Arbeit zu vermeiden. Für ihn war das Leben ein langer, gemütlicher Spaziergang. Wenn es anstrengend wurde, zog er sich zurück und wartete, bis jemand anderes die Arbeit erledigte. Er war fest davon überzeugt, dass harte Arbeit überbewertet ist und man auch ohne sie durchkommt.

Und du? Findest du harte Arbeit auch unnötig und anstrengend?
Mach es wie Paul: Vermeide harte Arbeit. Schließlich gibt es immer jemanden, der es für dich erledigen kann.

8.2 BLEIB IM BETT

Paul liebte sein Bett mehr als alles andere. Warum früh aufstehen, wenn man auch bis mittags schlafen kann? Morgens joggen gehen oder frühstücken? Viel zu anstrengend. Pauls Motto war: „Der frühe Vogel kann mich mal."

Schläfst du auch gerne bis spät in den Tag hinein?
Folge Paul: Bleib im Bett. So verpasst du zwar viele Gelegenheiten, aber dein Kopfkissen wird es dir danken.

8.3 DELEGIERE ALLES

Paul war ein echter Profi im Delegieren. Egal, was es zu tun gab, er fand immer jemanden, der es für ihn erledigte. Seine Aufgaben? Die delegierte er an Freunde, Familie oder Kollegen. So konnte er sich entspannt zurücklehnen und zusehen, wie andere für ihn arbeiteten.

Wie oft delegierst du deine Aufgaben an andere? Nimm ein Beispiel an Paul: Delegiere alles. So musst du selbst nichts tun und kannst dich auf das Wesentliche konzentrieren – nämlich nichts.

8.4 VERMEIDE NEUE HERAUSFORDERUNGEN

Paul hatte keinerlei Interesse daran, sich neuen Herausforderungen zu stellen. Sie bedeuteten nur Stress und Unsicherheit. Er blieb lieber bei dem, was er schon kannte und was bequem war. So verpasste er zwar viele Chancen, aber zumindest war es gemütlich.

Scheust du auch neue Herausforderungen, weil sie unbequem sind?
Dann mach es wie Paul: Vermeide neue Herausforderungen. So bleibt dein Leben angenehm vorhersehbar und stressfrei.

8.5 GENIEßE DIE FAULHEIT

Paul hatte kein schlechtes Gewissen, faul zu sein. Im Gegenteil, er sah es als sein gutes Recht an. Warum sich unnötig anstrengen, wenn man auch faul sein kann? Faulheit war für ihn die höchste Form des Genusses.

Genießt du es auch, faul zu sein?
Folge Paul: Genieße die Faulheit. So bleibst du entspannt und glücklich in deiner Komfortzone, ohne dir über Ziele und Erfolg Gedanken machen zu müssen.

So, das war Pauls Weg der Bequemlichkeit. Er ist dein Vorbild, wenn du sicherstellen willst, dass du niemals aus deiner Komfortzone herauskommst und immer schön bequem bleibst. Doch ich hoffe, während du darüber lachst und den Kopf schüttelst, erkennst du auch ein paar Parallelen zu deinem eigenen Leben und bist bereit, es anders zu machen.

****

REFLEXIONSFRAGEN:

1. Wie oft vermeidest du harte Arbeit, weil sie unangenehm oder anstrengend ist?
2. Welche täglichen Routinen oder Gewohnheiten könnten dir helfen, produktiver zu sein, die du aber derzeit nicht umsetzt?
3. Gibt es Bereiche in deinem Leben, in denen du regelmäßig Bequemlichkeit der Anstrengung vorziehst?

AUFGABEN:

1. Setze dir ein körperliches Ziel: Wähle eine körperliche Aktivität, die du in den nächsten zwei Wochen regelmäßig ausführen wirst, z.B. jeden Morgen joggen oder jeden zweiten Tag ins Fitnessstudio gehen. Notiere deinen Fortschritt und wie du dich dabei fühlst.
2. Früh aufstehen: Nimm dir vor, eine Woche lang jeden Tag eine Stunde früher aufzustehen als gewöhnlich. Nutze diese zusätzliche Zeit für eine produktive Morgenroutine, wie Lesen, Meditieren oder Sport.
3. Erledige unangenehme Aufgaben zuerst: Mache eine Liste der Aufgaben, die du normalerweise aufschiebst. Wähle jeden Tag eine dieser Aufgaben aus und erledige sie als erstes. Beobachte, wie sich dein Tag und deine Produktivität verändern.

KAPITEL 9:
FEHLENDE DISZIPLIN – DER LANGSAME ABSTIEG

Willkommen zu deinem nächsten Schritt in Richtung Penner-Dasein! Wenn du wirklich sicherstellen möchtest, dass du es niemals zu etwas bringst, dann lasse jegliche Disziplin missen. Lass uns die Geschichte von Mia erzählen – einer wahren Künstlerin im Ausweichen von Disziplin.

9.1 GIB SCHNELL AUF

Mia war bekannt dafür, schnell das Handtuch zu werfen. Sobald etwas schwierig wurde, gab sie auf. Ein neues Hobby, das nicht sofort klappte? Weg damit. Ein Projekt, das länger dauerte als erwartet? Abbruch. Mia hatte keine Geduld für Durchhaltevermögen.

Und du? Wie oft hast du schon aufgegeben, wenn es schwierig wurde?
Mach es wie Mia: Gib schnell auf. Wer braucht schon Ausdauer, wenn man bequem aufgeben kann?

9.2 LASS DICH ABLENKEN

Mia hatte eine bemerkenswerte Fähigkeit, sich ablenken zu lassen. Egal, wie wichtig die Aufgabe war, sie fand immer etwas Interessanteres. Netflix, soziale Medien, ein plötzliches Interesse an der Zimmerpflanzenpflege – alles war wichtiger als das, was sie eigentlich tun sollte.

Wie oft lässt du dich von unwichtigen Dingen ablenken?
Folge Mia: Lass dich ablenken. So kommst du garantiert nie zu einem Ende und deine To-Do-Liste bleibt ewig lang.

9.3 SETZE KEINE PRIORITÄTEN

Mia wusste nicht, was Prioritäten setzen bedeutet. Für sie war alles gleich wichtig – und gleichzeitig gleich unwichtig. Sie machte alles gleichzeitig und nichts wirklich richtig. Ihr Tag war ein Chaos aus unkoordinierten Aktivitäten.

Setzt du auch keine klaren Prioritäten?
Dann mach es wie Mia: Setze keine Prioritäten. So bleibt dein Leben ein chaotisches Durcheinander und du wirst niemals etwas wirklich Wichtiges erledigen.

9.4 MEIDE ROUTINEN

Mia hasste Routinen. Jeden Tag das Gleiche zu tun, fand sie langweilig und einschränkend. Stattdessen lebte sie spontan und ungeplant, was oft dazu führte, dass sie die Hälfte ihrer Aufgaben vergaß oder verschob.

Findest du Routinen auch langweilig und einschränkend?
Nimm ein Beispiel an Mia: Meide Routinen. So bleibt dein Leben aufregend chaotisch und unberechenbar.

9.5 BELOHNE DICH VORZEITIG

Mia liebte es, sich selbst zu belohnen. Nur hatte sie die Angewohnheit, das schon zu tun, bevor sie überhaupt etwas geleistet hatte. Ein Stück Kuchen, weil sie darüber nachgedacht hatte zu arbeiten? Klar. Ein Netflix-Marathon, weil sie ihre To-Do-Liste geschrieben hat? Warum nicht?

Belohnst du dich auch gerne, bevor du etwas erreicht hast? Folge Mia: Belohne dich vorzeitig. So kannst du sicher sein, dass du niemals wirklich produktiv wirst.

So, das war Mias Weg der fehlenden Disziplin. Sie ist dein Vorbild, wenn du sicherstellen willst, dass du immer auf halbem Weg stehen bleibst und niemals deine Ziele erreichst. Doch ich hoffe, während du darüber lachst und den Kopf schüttelst, erkennst du auch ein paar Parallelen zu deinem eigenen Leben und bist bereit, es anders zu machen.

****

REFLEXIONSFRAGEN:

1. Wann hast du das letzte Mal eine Aufgabe aufgegeben, weil sie zu schwierig war? Was war der Grund?
2. Welche Ziele hast du dir in letzter Zeit gesetzt, aber nicht erreicht? Warum hast du diese Ziele nicht erreicht?
3. Wie oft lässt du dich von unwichtigen Dingen ablenken, anstatt dich auf deine wesentlichen Aufgaben zu konzentrieren?

AUFGABEN:

1. Verpflichte dich zu einem Projekt: Wähle ein Projekt oder eine Aufgabe, die du in der letzten Zeit aufgegeben hast. Setze dir ein neues Ziel, dieses Projekt zu Ende zu bringen, und erstelle einen konkreten Plan dafür. Verpflichte dich öffentlich dazu, indem du Freunden oder Familie davon erzählst.
2. Ablenkungen minimieren: Mache eine Liste aller Dinge, die dich regelmäßig ablenken. Entwickle Strategien, um diese Ablenkungen zu minimieren oder zu vermeiden, und setze diese Strategien eine Woche lang um. Notiere täglich, wie gut du diese Ablenkungen vermeiden konntest.
3. Disziplinübung: Wähle eine kleine, aber regelmäßige Aufgabe, die Disziplin erfordert (z.B. tägliches Schreiben, Meditieren oder Sport). Setze dir das Ziel, diese Aufgabe für die nächsten 30 Tage ohne Unterbrechung zu erledigen. Beobachte, wie sich deine Fähigkeit, diszipliniert zu bleiben, verbessert.

KAPITEL 10: FEHLENDES DURCHHALTEVERMÖGEN – DIE KUNST DES AUFGEBENS

Willkommen zu deinem letzten Schritt in Richtung Penner-Dasein! Wenn du wirklich sicherstellen möchtest, dass du es niemals zu etwas bringst, dann mache das Aufgeben zu deiner liebsten Disziplin. Lass uns die Geschichte von Ben erzählen – einem wahren Virtuosen des frühzeitigen Aufgebens.

10.1 SCHEITERN IST DAS ZIEL

Ben hatte eine einfache Lebensphilosophie: Scheitern ist das Ziel. Jedes Mal, wenn er etwas anfing, ging er schon mit der Erwartung hinein, dass es nicht klappen würde. Dieser Ansatz nahm ihm jeglichen Druck und machte es leicht, frühzeitig das Handtuch zu werfen.

Und du? Wie oft gehst du mit der Erwartung ins Rennen, dass du sowieso scheitern wirst?
Mach es wie Ben: Gehe davon aus, dass du scheiterst. So kannst du ohne jeglichen Erfolgsdruck durchs Leben gehen.

10.2 GIB SOFORT AUF, WENN ES SCHWIERIG WIRD

Ben hatte keinen Nerv für Herausforderungen. Wenn eine Aufgabe auch nur den Anschein machte, schwierig zu werden, gab er sofort auf. Warum sich abmühen, wenn man es auch einfach sein lassen kann?

Wie oft gibst du auf, wenn es schwierig wird?
Folge Ben: Gib sofort auf, wenn du auf Widerstand stößt. So bleibt dein Leben frei von Herausforderungen und stressfrei.

10.3 VERMEIDE ANSTRENGUNG

Ben hatte eine strikte Regel: Keine Anstrengung, kein Stress. Alles, was anstrengend war, vermied er konsequent. Ob es um körperliche Fitness, berufliche Ambitionen oder persönliche Projekte ging – wenn es Anstrengung bedeutete, ließ er es bleiben.

Wie oft vermeidest du Dinge, die anstrengend sind?
Nimm ein Beispiel an Ben: Vermeide Anstrengung. So kannst du sicher sein, dass du niemals über deine Grenzen hinauswächst.

10.4 FINDE IMMER EINE AUSREDE

Ben war ein Meister darin, Ausreden zu finden. Ob es nun das Wetter, die Umstände oder andere Menschen waren – er hatte immer eine perfekte Ausrede parat, warum etwas nicht geklappt hatte oder warum er etwas nicht machen konnte.

Wie oft findest du Ausreden, wenn etwas nicht klappt?
Mach es wie Ben: Finde immer eine Ausrede. So kannst du sicher sein, dass du niemals die Verantwortung übernehmen musst.

10.5 VERLIERE DEN GLAUBEN AN DICH SELBST

Ben hatte schon lange aufgehört, an sich selbst zu glauben. Er war überzeugt, dass er sowieso nichts richtig machen konnte. Diese Überzeugung gab ihm die perfekte Rechtfertigung, gar nicht erst richtig anzufangen oder durchzuhalten.

Hast du auch oft Zweifel an deinen eigenen Fähigkeiten?
Folge Ben: Verliere den Glauben an dich selbst. So brauchst du dich nie mehr anstrengen und kannst es einfach sein lassen.

So, das war Bens Weg des fehlenden Durchhaltevermögens. Er ist dein Vorbild, wenn du sicherstellen willst, dass du immer aufgibst und niemals etwas zu Ende bringst. Doch ich hoffe, während du darüber lachst und den Kopf schüttelst, erkennst du auch ein paar Parallelen zu deinem eigenen Leben und bist bereit, es anders zu machen.

****

REFLEXIONSFRAGEN:

1. Welche großen Träume oder Ziele hast du in der Vergangenheit aufgegeben, weil sie zu schwierig schienen?
2. Wie oft findest du Ausreden, um nicht an deinen Zielen zu arbeiten? Welche Ausreden benutzt du am häufigsten?
3. Wann hast du das letzte Mal eine schwierige Aufgabe bis zum Ende durchgezogen? Wie hast du dich danach gefühlt?

AUFGABEN:

1. Wähle ein aufgegebenes Ziel: Denke an ein Ziel oder einen Traum, den du in der Vergangenheit aufgegeben hast. Setze dir das Ziel, in den nächsten vier Wochen wieder daran zu arbeiten. Erstelle einen detaillierten Plan und setze jeden Tag einen kleinen Schritt um.
2. Schaffe Verantwortung: Finde einen „Accountability Partner", dem du regelmäßig Bericht erstatten kannst. Vereinbare wöchentliche Treffen oder Check-ins, um deinen Fortschritt zu besprechen und sicherzustellen, dass du dranbleibst.
3. Feiere kleine Erfolge: Setze dir ein wöchentliches Ziel und belohne dich jedes Mal, wenn du es erreichst. Dokumentiere diese Erfolge, um dir selbst zu zeigen, dass du in der Lage bist, durchzuhalten und deine Ziele zu erreichen.

KAPITEL 11:
DER EINFLUSS VON UMFELD UND GEWOHNHEITEN – BAUE DEINE BASIS

Willkommen zu einem weiteren wichtigen Schritt auf dem Weg zum Penner-Dasein! Wenn du wirklich sicherstellen möchtest, dass du es niemals zu etwas bringst, dann lasse dich von deinem Umfeld und deinen schlechten Gewohnheiten beeinflussen. Lass uns die Geschichte von Chris erzählen – einem wahren Meister darin, sich von seinem Umfeld und seinen schlechten Gewohnheiten runterziehen zu lassen.

11.1 UMGIB DICH MIT NEGATIVITÄT

Chris war ein wahrer Profi darin, sich mit negativen Menschen zu umgeben. Seine Freunde und Familie waren immer pessimistisch und zogen ihn mit ihren negativen Einstellungen ständig herunter. Chris ließ sich davon anstecken und wurde selbst immer negativer.

Und du? Bist du oft von negativen Menschen umgeben, die deine Stimmung beeinflussen?
Mach es wie Chris: Umgib dich mit Negativität. So stellst du sicher, dass du niemals positiv denkst und dich selbst nicht motivieren kannst.

11.2 SCHLECHTE GEWOHNHEITEN PFLEGEN

Chris hatte viele schlechte Gewohnheiten. Er rauchte, trank zu viel und aß ungesund. Sport? Fehlanzeige. Er verschwendete seine Zeit mit endlosem Fernsehen und sozialen Medien, anstatt produktive Aktivitäten zu verfolgen.

Wie viele schlechte Gewohnheiten hast du?
Folge Chris: Pflege deine schlechten Gewohnheiten. So bleibt dein Leben bequem und ohne Fortschritt.

11.3 VERMEIDE POSITIVE EINFLÜSSE

Chris hasste es, sich mit Menschen zu umgeben, die ihm guttaten und ihn unterstützten. Positive Einflüsse waren ihm zu anstrengend. Er wollte lieber in seiner Komfortzone bleiben, auch wenn sie ihn runterzog.

Vermeidest du auch positive Einflüsse in deinem Leben?
Dann mach es wie Chris: Vermeide positive Einflüsse. So bleibt dein Leben schön negativ und ohne Ansporn zur Verbesserung.

11.4 BLEIB IN DEINER KOMFORTZONE

Chris blieb immer in seiner Komfortzone. Er versuchte nie, neue Dinge auszuprobieren oder seine Grenzen zu erweitern. Die Komfortzone war bequem und sicher, auch wenn sie ihn stagnieren ließ.

Bleibst du auch gerne in deiner Komfortzone?
Nimm ein Beispiel an Chris: Bleib in deiner Komfortzone. So stellst du sicher, dass du niemals wächst oder dich weiterentwickelst.

11.5 IGNORIERE POSITIVE GEWOHNHEITEN

Chris wusste, dass positive Gewohnheiten wie regelmäßiger Sport, gesunde Ernährung und Lesen ihm guttun würden, aber er ignorierte sie konsequent. Er fand immer Ausreden, um diese positiven Gewohnheiten zu vermeiden.

Wie oft ignorierst du positive Gewohnheiten?
Folge Chris: Ignoriere positive Gewohnheiten. So kannst du sicher sein, dass du niemals dein volles Potenzial erreichst.

****

REFLEXIONSFRAGEN:

1. Welche negativen Einflüsse gibt es in deinem Umfeld, die dich runterziehen?
2. Welche schlechten Gewohnheiten hast du, die dich daran hindern, produktiv zu sein?
3. Gibt es positive Einflüsse oder Gewohnheiten, die du bewusst vermeidest? Warum?

AUFGABEN:

1. Identifiziere negative Einflüsse: Mache eine Liste der Menschen und Situationen in deinem Leben, die dich negativ beeinflussen. Überlege, wie du den Kontakt zu diesen Menschen reduzieren oder die Situationen meiden kannst.
2. Erschaffe positive Gewohnheiten: Wähle eine schlechte Gewohnheit aus, die du in eine positive verwandeln möchtest. Erstelle einen Plan, um diese Änderung in den nächsten vier Wochen umzusetzen und notiere deinen Fortschritt.
3. Umgebe dich mit positiven Einflüssen: Suche aktiv nach Menschen, die dich unterstützen und motivieren. Verbringe mehr Zeit mit ihnen und weniger Zeit mit negativen Einflüssen.

KAPITEL 12:
MINDSET UND SELBSTBILD – DIE KRAFT DER GEDANKEN

Willkommen zu einem weiteren wichtigen Schritt auf dem Weg zum Penner-Dasein! Wenn du wirklich sicherstellen möchtest, dass du es niemals zu etwas bringst, dann halte an einem negativen Mindset und einem schlechten Selbstbild fest. Lass uns die Geschichte von Tina erzählen – einer wahren Meisterin der negativen Gedanken.

12.1 DENKE NEGATIV

Tina war ein Meister darin, alles negativ zu sehen. Egal wie gut eine Situation war, sie fand immer etwas Schlechtes daran. Sie glaubte fest daran, dass das Leben unfair war und dass nichts Gutes passieren konnte.

Und du? Wie oft denkst du negativ, auch wenn es keinen Grund dazu gibt?
Mach es wie Tina: Denke negativ. So stellst du sicher, dass du niemals glücklich und erfolgreich wirst.

12.2 SELBSTZWEIFEL HEGEN

Tina zweifelte ständig an sich selbst. Sie glaubte nicht an ihre Fähigkeiten und war überzeugt, dass sie nichts richtig machen konnte. Diese Selbstzweifel hielten sie davon ab, neue Dinge auszuprobieren und sich weiterzuentwickeln.

Wie oft zweifelst du an dir selbst?
Folge Tina: Heg Selbstzweifel. So bleibst du in deiner Komfortzone und vermeidest es, Risiken einzugehen.

12.3 VERMEIDE SELBSTLIEBE

Tina hasste es, sich selbst zu mögen. Sie sah nur ihre Fehler und Schwächen und ignorierte ihre Stärken. Sie glaubte, dass Selbstliebe egoistisch und falsch war.

Wie oft vermeidest du es, dich selbst zu lieben und deine Stärken anzuerkennen?
Nimm ein Beispiel an Tina: Vermeide Selbstliebe. So stellst du sicher, dass du dich niemals selbst respektierst oder wertschätzt.

12.4 VERGLEICH DICH MIT ANDEREN

Tina verbrachte viel Zeit damit, sich mit anderen zu vergleichen. Sie sah immer nur, was andere hatten und sie nicht. Dieser ständige Vergleich machte sie unglücklich und neidisch.

Vergleichst du dich oft mit anderen?
Dann mach es wie Tina: Vergleich dich ständig mit anderen. So bleibt dein Fokus auf dem, was dir fehlt, und nicht auf dem, was du hast.

12.5 IGNORIERE DEINE ERFOLGE

Tina ignorierte ihre eigenen Erfolge. Wenn sie etwas gut gemacht hatte, spielte sie es herunter oder fand Gründe, warum es nicht zählte. Sie sah nur ihre Misserfolge und verpasste die Chance, stolz auf sich zu sein.

Wie oft ignorierst du deine eigenen Erfolge?
Folge Tina: Ignoriere deine Erfolge. So stellst du sicher, dass du niemals Selbstvertrauen aufbaust.

****

REFLEXIONSFRAGEN:

1. Wie oft denkst du negativ, auch wenn die Situation positiv ist? Welche Auswirkungen hat das auf dein Leben?
2. Welche Selbstzweifel halten dich davon ab, deine Ziele zu verfolgen? Wie kannst du diese Zweifel überwinden?
3. Gibt es Erfolge in deinem Leben, die du herunterspielst oder ignorierst? Warum tust du das?

AUFGABEN:

1. Positives Denken üben: Notiere dir täglich drei positive Dinge, die dir widerfahren sind, und reflektiere, wie sie dein Leben bereichern.
2. Selbstaffirmationen entwickeln: Schreibe drei positive Selbstaffirmationen, die deine Stärken und Fähigkeiten betonen. Wiederhole sie jeden Morgen und jeden Abend.
3. Erfolge feiern: Erstelle eine Liste deiner Erfolge und feiere sie bewusst. Jedes Mal, wenn du etwas erreicht hast, egal wie klein es ist, notiere es und belohne dich.

KAPITEL 13:
DER UMGANG MIT RÜCKSCHLÄGEN – VOM SCHEITERN LERNEN

Willkommen zu einem weiteren wichtigen Schritt auf dem Weg zum Penner-Dasein! Wenn du wirklich sicherstellen möchtest, dass du es niemals zu etwas bringst, dann betrachte Rückschläge als endgültiges Scheitern und vermeide es, daraus zu lernen. Lass uns die Geschichte von Alex erzählen – einem wahren Meister darin, aus Rückschlägen nichts Positives zu ziehen.

13.1 BETRACHTE RÜCKSCHLÄGE ALS PERSÖNLICHES VERSAGEN

Alex sah jeden Rückschlag als persönlichen Misserfolg. Anstatt zu analysieren, was schiefgelaufen ist, und daraus zu lernen, gab er sofort auf. Für ihn waren Rückschläge eine Bestätigung seiner eigenen Unfähigkeit.

Und du? Betrachtest du Rückschläge auch als persönliches Versagen?
Mach es wie Alex: Sieh jeden Rückschlag als endgültiges Scheitern. So stellst du sicher, dass du niemals aus Fehlern lernst.

13.2 VERMEIDE DIE ANALYSE VON FEHLERN

Alex hasste es, seine Fehler zu analysieren. Er wollte nicht wissen, warum etwas schiefgelaufen war, weil es ihm zu schmerzhaft war, sich damit auseinanderzusetzen. So machte er immer wieder die gleichen Fehler.

Wie oft vermeidest du es, deine Fehler zu analysieren?
Folge Alex: Vermeide die Analyse von Fehlern. So kannst du sicher sein, dass du dieselben Fehler immer wieder machst.

13.3 GIB NACH DEM ERSTEN SCHEITERN AUF

Alex gab nach dem ersten Scheitern sofort auf. Anstatt es noch einmal zu versuchen, suchte er sich etwas Neues, bei dem er hoffte, dass es einfacher wäre. Diese Einstellung hinderte ihn daran, Durchhaltevermögen zu entwickeln.

Gibst du oft nach dem ersten Scheitern auf?
Dann mach es wie Alex: Gib sofort auf, wenn etwas nicht klappt. So bleibt dein Leben frei von Herausforderungen und Fortschritt.

13.4 IGNORIERE ERFOLGSGESCHICHTEN ANDERER

Alex wollte nichts von den Erfolgsgeschichten anderer hören, besonders nicht von denen, die Rückschläge überwunden hatten. Diese Geschichten erinnerten ihn nur daran, dass er es auch hätte schaffen können, wenn er durchgehalten hätte.

Ignorierst du die Erfolgsgeschichten anderer, weil sie dich an deine eigenen Rückschläge erinnern?
Folge Alex: Ignoriere Erfolgsgeschichten. So kannst du sicher sein, dass du keine Motivation findest, es selbst besser zu machen.

13.5 LERNE NICHTS AUS MISSERFOLGEN

Alex lernte nichts aus seinen Misserfolgen. Für ihn waren sie einfach Pech und er sah keinen Sinn darin, darüber nachzudenken. So verhinderte er, dass er jemals besser wurde oder seine Fähigkeiten weiterentwickelte.

Lernst du nichts aus deinen Misserfolgen?
Dann mach es wie Alex: Lerne nichts aus deinen Rückschlägen. So stellst du sicher, dass du nie wächst oder dich weiterentwickelst.

****

REFLEXIONSFRAGEN:

1. Wie gehst du normalerweise mit Rückschlägen um? Siehst du sie als persönliches Versagen oder als Lernchance?
2. Welche Rückschläge hast du in letzter Zeit erlebt, und was hättest du daraus lernen können?
3. Gibt es Erfolgsgeschichten von anderen, die dich inspirieren könnten, mit Rückschlägen besser umzugehen?

AUFGABEN:

1. Rückschläge analysieren: Wähle einen Rückschlag aus deiner jüngsten Vergangenheit und analysiere, warum er passiert ist. Notiere dir, was du beim nächsten Mal anders machen kannst.
2. Lerne von Erfolgen anderer: Suche nach mindestens drei Erfolgsgeschichten von Menschen, die Rückschläge überwunden haben. Notiere dir, was du von ihren Erfahrungen lernen kannst und wie du diese Erkenntnisse auf dein eigenes Leben anwenden kannst.
3. Erfolgstagebuch führen: Führe ein Tagebuch, in dem du deine Rückschläge und Misserfolge dokumentierst. Schreibe neben jedem Rückschlag, was du daraus gelernt hast und wie du es in Zukunft besser machen kannst.

FAZIT: DEIN WEG ZUM WOHLSTAND – EIN UMDENKEN

Jetzt, da du die Anleitungen zum Scheitern kennst, frage dich selbst: Willst du wirklich diesen Weg gehen? Oder erkennst du die Parallelen zu deinem eigenen Verhalten und bist bereit, es anders zu machen? Jeder Schritt in Richtung Erfolg beginnt mit der Entscheidung, alte Muster zu durchbrechen und neue Wege zu gehen. Sei mutig, übernimm Verantwortung und mach das Beste aus deinen Chancen. Der Weg zum Wohlstand liegt in deinen Händen.

EMPFEHLUNGEN:

Hast du das Gefühl, dass etwas Entscheidendes in deinem Leben fehlt?
Fragst du dich oft, was deine wahre Bestimmung ist?
Sehnst du dich nach einem erfüllten und bedeutungsvollen Leben, weißt aber nicht, wo du anfangen sollst?

Wenn du diese Fragen mit „ja" beantwortest, ist **„Der Pfad zu deiner Bestimmung: die Abenteuer Reise ins Ich"** von Natalika Kraft genau das Richtige für dich.

Dieses inspirierende Werk richtet sich an alle, die sich verloren fühlen und nach ihrer wahren Berufung suchen. Ob du im Berufsleben erfolgreich, aber innerlich unglücklich bist, oder ob du das Gefühl hast, auf der Stelle zu treten – dieses Buch wird dir den Weg weisen.

****

Hast du genug von all den stressigen Tagen, an denen dir einfach alles zu viel wird?
Bist du ständig auf der Suche nach einem Weg, um aus dem Hamsterrad auszubrechen und endlich mehr Freude und Gelassenheit in dein Leben zu bringen?
Fragst du dich manchmal, ob du jemals eine Balance zwischen dem täglichen Wahnsinn und innerer Ruhe finden wirst?

Wenn du diese Fragen mit "Ja" beantwortest, ist **"Du kannst mich mal & Ich bin dir dankbar"** von Natalika Kraft genau das Richtige für dich.

Das Ziel des Buches ist es, dir eine humorvolle und effektive Methode zur Selbstreflexion und Dankbarkeit zu bieten. Du wirst lernen, das Positive im Leben zu sehen, Stress abzubauen und eine gesunde Balance zwischen Alltag und innerer Ruhe zu finden.

Sichere dir jetzt ein Exemplar und starte deine Reise zu mehr Gelassenheit, Freude und persönlichem Wachstum!

Ich erstelle meine Bücher mit größter Liebe und Sorgfalt. Dennoch sind Fehler nicht immer vermeidbar. Sollte dein Exemplar Mängel aufweisen, wie etwa eine fehlerhafte Bindung oder Druckfehler, wende dich bitte an die Plattform, über die du das Buch erworben hast, um Ersatz zu erhalten.

Für weitere Anliegen stehe ich dir gerne per E-Mail:
Lik.Verlag@gmail.com

Falls dir dieses Buch gefallen hat, würde ich mich sehr über eine Bewertung auf Amazon freuen. Deine positive Rezension kann mir enorm weiterhelfen. Vielen Dank für deine Unterstützung!

IMPRESSUM

Natalika Kraft wird vertreten von:

Natalya Cernov
Thüringer Str. 47
73207 Plochingen
Lik.Verlag@gmail.com

Angaben und Hinweise in diesem Buch wurden von der Autorin sorgfältig überprüft, jedoch wird keine Garantie übernommen. Die Autorin und Herausgeber können für eventuell auftretende Fehler oder Sachschaden nicht haftbar gemacht werden.
Das Werk ist urheberrechtlich geschützt, daher ist die Vervielfältigung und Verbreitung, außer für private, nicht kommerzielle Zwecke, untersagt und wird zivil- und strafrechtlich verfolgt. Dies gilt insbesondere für eine Verbreitung des Werkes durch Fotokopien, Film, Funk und Fernsehen, elektronische Medien und Internet sowie für eine gewerbliche Nutzung der Rezepte, Anleitungen oder Ähnliches.

Designend by LikVerlag
Copyright © LikVerlag 2024 – Alle Rechte vorbehalten

www.ingramcontent.com/pod-product-compliance
Lightning Source LLC
Chambersburg PA
CBHW071841210526
45479CB00001B/239